PROJET
D'INSTITUTIONS
CONSTITUTIVES
ET
GOUVERNEMENTALES.

PARIS. — IMPRIMERIE DE COSSON,
RUE SAINT-GERMAIN-DES-PRÉS, N° 9.

PROJET

DE

CONSTITUTION,

OFFERT A SON PAYS

ET

SOUMIS A L'EXAMEN DE SES CONCITOYENS,

PAR

RICARD-FARRAT.

> Le peuple est bon, et ses délégués sont corruptibles ;
> c'est dans la vertu et dans la souveraineté du peuple
> qu'il faut chercher un préservatif contre les vices et le
> despotisme du gouvernement.
>
> MAX. ROBESPIERRE, Assemb. nat., 10 mai 1793.

> .... Fatal préjugé d'impossibilité, obstacle de tout
> temps redoutable, qui, accréditant, créant en effet ces im-
> possibilités qu'il suppose, repousse les institutions quel-
> quefois les plus praticables en elles-mêmes, ou les dé-
> courage dans leur nouveauté, et ne leur laisse pas le
> temps de s'affermir.
>
> DAUNOU, Chambre des dép., 31 janv. 1831.

PARIS,

Me Ve CHARLES-BÉCHET, LIBRAIRE,

QUAI DES AUGUSTINS, N° 57-59.

1831.

PRÉAMBULE.

DE tous les systèmes sociaux institutifs qu'on pourra proposer dans les circonstances actuelles, comme en tout temps, le meilleur sera celui qui pourra mieux et plus long-temps suffire à une de ces périodes constitutives où les sociétés semblent stationner, parce que leurs institutions se combinent plus ou moins parfaitement avec ce qui constitue *la force des choses*, les élémens sociaux, dans l'état moral ou matériel qui les constitue, les besoins qu'ont fait surgir la marche du temps et les progrès de l'humanité, les réformes qu'ils nécessitent, et les améliorations qu'ils pourront signaler encore.

Quelques hommes prônent aujourd'hui divers systèmes qui s'écartent plus ou moins des bases sur lesquelles la plupart des sociétés humaines civilisées sont établies, des principes fondamentaux qui les dirigent, et des erremens suivis par elles jusqu'à ce jour. Je n'ai pas approfondi ces systèmes, et, ne les connaissant que par des communications verbales et par quelques conférences, je ne pourrais affirmer qu'ils ne seront jamais exécutables quant aux procédés, mais je crois que les temps où ils pourront être réalisés sont fort éloignés de nous; car ils sont fondés sur *l'élection par en haut,* procédé auquel les peuples, qui presque tous aujourd'hui en sont encore aux premiers élémens de *l'élection par en bas* ou tendent à y arriver, ne voudront sans doute revenir qu'après être parvenus au complet développement de celui-ci; ce qui n'aura pas lieu de sitôt, probablement.

D'ailleurs, mon sentiment, que justifie l'expérience des siècles, c'est que dans la constitution politique, inhérente et non extérieure, des sociétés, les transitions violentes, disparates, les révolutions, ne peuvent avoir de résultats durables si elles n'étaient déjà dans les mœurs, si elles ne sont pas une expression de celles que les nécessités surgies de la marche du temps et des lumières ont opérées dans l'esprit des hommes. Je crois qu'on ne peut, sans danger, et avec quelque espoir de stabilité, déplacer les corps sociaux de leurs bases constitutives pour les placer sur une autre, intervertir l'ordre et les principes qu'ils ont suivis, pour leur en substituer de complètement opposés. On ne pourra arriver à un pareil résultat que par transition progressive, en épuisant successivement et plus ou moins complètement et rapidement les diverses phases intermédiaires qui lient les uns aux autres (1).

____

(1) Nos deux révolutions nationales de 89 et de 1830

Les nouvelles doctrines qui provoquent ces explications et les développemens qui suivent exposeraient inévitablement aux dangers que je signale ; en outre, elles ne tiennent pas assez compte de toutes les lois de notre nature et de tous les instincts inhérens à l'organisation humaine.

En voulant captiver trop complètement l'homme individu, le parquer par classes selon la capacité, le soumettre à un régime disciplinaire, et à une dépendance solidaire absolue , ces nouveaux doctrinaires semblent ignorer qu'il existe dans le cœur de l'homme un sentiment de fierté indépendant de la capacité et du mérite, et paraissent oublier qu'il s'y trouve encore un instinct d'indépendance individuelle (1), qui a sur lui plus d'empire

peuvent servir d'exemple ; car il est incontestable qu'une des causes influentes qui ont empêché le régime républicain enfanté par la première , de se perpétuer, c'est que ce régime était venu saisir notre société avant que les mœurs y fussent préparées; et si la dernière n'a pas eu pour résultat immédiat l'institution du même régime, bien qu'aujourd'hui nos mœurs et nos principes politiques lui soient très-favorables , c'est que les esprits n'y étaient pas préparés.

(1) La puissance de cet instinct se manifeste tous les jours, dans le monde civilisé, par l'exemple d'individus qui, ayant acquis certains moyens assurés d'existence, renoncent, pour goûter plus tôt les charmes de l'indépendance, à accroître l'importance de ces moyens à un point qui leur permettrait de se procurer d'autres jouissances , à l'attrait desquelles ils ne sont pas insensibles. Chez les peuples plus près de la nature, par

ou du moins un empire plus constant que tous les autres sentimens. C'est à cet instinct qu'on doit attribuer la marche progressive des sociétés vers un état qui, en procurant à chacun les bienfaits de l'association, leur assure le plus d'indépendance individuelle (1), et vers la destruction des abus,

---

exemple chez le Corse des montagnes qui n'a point dérogé en se corrompant à la civilisation, cet instinct fait que, pour le satisfaire plus complètement, celui-ci se contente d'une existence grossière et simple, mais facile; disposition que des observateurs superficiels attribuent à un sentiment de paresse, à une lâcheté de corps, comme si ces vices n'étaient pas incompatibles avec une imagination vive et un tempérament passionné.

(1) J'ai souvent entendu dire que les institutions des républiques de l'antiquité ne pouvaient convenir à notre état social actuel, et que c'est pour avoir voulu les imiter trop rigoureusement que la forme du gouvernement institué en 93 n'a pu se perpétuer. Il y a quelque chose de vrai au fond de ces assertions, mais elles manquent de précision et ne spécifient pas assez. Ce n'est ni le régime, ni la forme des institutions, ni les combinaisons gouvernementales qui ne convenaient point, mais ce sont les principes combinés avec elles et inhérens à elles dans l'antiquité, qui, adoptés et appliqués rigoureusement autant qu'inconsidérément chez nous, imposaient aux citoyens des charges et une abnégation outrées et contrariantes de cet instinct, de ce besoin de liberté individuelle, dont l'extension des associations nationales et le peu d'action directe et de contact des précédens gouvernemens avec la généralité des gouvernés avait favorisé le développement. Il doit y avoir cette différence entre le régime d'aujourd'hui et celui des républiques de l'antiquité, que l'intérêt de celles-ci absorbait continuellement celui des particuliers qui, par principe, devait lui être

des inégalités et des priviléges qui s'étaient intro-
duits dans leur sein à la faveur de l'ignorance et
de l'inexpérience des hommes.

Les prôneurs des systèmes précités nient sans
doute l'existence d'un penchant, d'un besoin aussi
naturel que les précédens ; celui de *l'appropriation* (1) : car ils veulent abolir la propriété. Ils ne

---

constamment sacrifié, tandis qu'aujourd'hui les institutions
sociales doivent avoir pour objet principal et final la plus
grande satisfaction et le plus grand avantage possibles des intérêts individuels. On peut sans doute ranger, au nombre des
causes destructives du régime républicain, l'inappréciation des
exigences de l'individualisme et des concessions qu'il néces-
sitait. *L'état civil* le plus parfait serait celui qui laisserait à
l'homme réuni en société et en recueillant tous les avantages,
le plus d'indépendance individuelle ; et, quand les communes
pourront être en quelque sorte des républiques indépendantes,
sans que l'unité nationale et la commune protection qui en ré-
sulte en soient affaiblies, on sera parvenu à l'état politique le
plus parfait.

(1) L'instinct de *l'appropriation*, qui peut paraître distinct
de celui de *la jouissance*, est aux hommes ce que celui-ci est
à la jeunesse : il lui succède constamment et finit toujours par
l'absorber. Ce phénomène, tout-à-fait inhérent aux lois de
notre nature physique, explique comment en nous la pré-
voyance succède à l'entraînement, et la spéculation à la pas-
sion. Serait-ce pour extirper ce penchant que les Saints-Simo-
nistes voudraient priver le sentiment de la paternité de tout
aliment provocateur ? Les penchans naturels ne s'atrophient
qu'avec les forces physiques ; et pour être domptés, que de
peine il en coûte ! Que de jouissances ils raviraient à l'homme,
en privant son affectuosité des objets qui le stimulent le plus et

contestent pas néanmoins celui de l'égoïsme dont ils font un des principaux mobiles de leur système, et qu'ils prétendent satisfaire en lui procurant plus de jouissances par l'association. Mais ignorent-ils que l'individualisme est un sentiment qui trouve sa satisfaction dans la concentration de son action, qu'il porte à l'isolement, et que c'est lui qui fait qu'on préfère l'indépendance et le laisser-aller de chez soi aux avantages qu'il faudrait acheter au prix de la surveillance et de la règle gênante d'une communauté ?

La propriété est un élément de l'ordre social sur lequel cet ordre repose, et qui ne pourrait être méconnu sans qu'il en résultât les plus graves désordres et d'interminables déchiremens.

Pour moi, j'ai cru qu'il serait possible de trouver des institutions constitutives et des combinaisons gouvernementales protectrices des droits de l'homme, compatibles avec la liberté, l'égalité et la dignité de tous, et favorables au perfectionnement du bien-être du plus grand nombre, sans bouleverser les élémens constitutifs de l'ordre social actuel, sans contrarier des mœurs qui sont une manifestation naturelle de nos penchans et de nos instincts les plus énergiques; et que ces institutions seraient d'au-

---

l'assouvissent le plus complètement. Si c'est par de semblables moyens qu'ils veulent perfectionner son bonheur, qu'ils consultent les femmes, eux qui veulent les faire participer au gouvernement, et qu'ils décident d'après elles.

tant plus parfaites qu'elles seraient plus en harmonie avec les lois de notre nature. J'ai cru même que, pour assurer le succès et les heureux effets de ces institutions, il fallait, tout en satisfaisant les besoins, les capacités et les prétentions qui surgissent dans le temps présent, tout en faisant les réformes et les améliorations nécessitées par l'extension des lumières et les progrès de la civilisation, et préparant un accès à celles qui pourront être réclamées encore, conserver toutes les conditions faites et reconnues qui ne sont point onéreuses ou hostiles à la généralité, ménager certaines existences et des intérêts spéciaux qui ont une certaine importance numérique, et ne sont point nuisibles aux autres ; et qu'il fallait même respecter des principes, certains erremens, préjugés si l'on veut, qui ont cours généralement et s'opposent peut-être à un perfectionnement social plus avancé, mais qu'on abandonnera et qui disparaîtront plus tard.

J'ai pu croire que le système que je vais exposer satisferait d'autant mieux à toutes ces conditions, et pourrait suffire à notre société pour une assez longue période stationnaire, qu'il ne crée aucun intérêt en dehors du sien, ni aucune spécialité qui puisse s'en séparer, qu'il facilite le classement de toutes les nouvelles existences et des capacités qui peuvent apparaître, et se prête essentiellement au développement de toutes les combinaisons ou associations particulières qui doivent, sinon compléter, du moins accroître de plus en plus les bienfaits et les satisfactions individuelles qui, pour la généralité des citoyens, découleront de mon système même.

Ce système, qui est purement démocratique, n'est pas une innovation inopportune, une transition disparate de notre état social à un autre: car le régime républicain, qui consiste à faire intervenir les citoyens dans les affaires de l'État et a pour objet l'intérêt le mieux entendu du plus grand nombre, est dans nos mœurs.

Consciencieusement pénétré de l'excellence et de la vertu civique du peuple, et convaincu que le vice de toutes les institutions antérieures avait sa source dans l'insuffisante division et l'inégale et confuse distribution du pouvoir, d'où sont résultés les envahissemens et les excès de ceux à qui il était confié, lesquels, cédant à l'influence corruptrice de cette inégalité, et favorisés par cette confusion, cherchaient à éloigner le peuple des affaires publiques, et à étouffer en lui tout esprit public, pour le réduire à un état d'incapacité et de nullité politique; convaincu aussi que le meilleur moyen de se garantir de ces excès et des envahissemens du pouvoir, c'est de faire intervenir constamment la généralité des citoyens dans les affaires de la république, et de diviser le pouvoir, en précisant d'une manière distincte les attributions dans chacune de ses divisions (1); c'est sous l'influence de

______

(1) Jusqu'ici il y a toujours ou plus ou moins de confusion et

ces convictions que les combinaisons que je propose se sont présentées à mon esprit.

---

de concentration dans la distribution du pouvoir et dans les combinaisons de nos divers gouvernemens représentatifs ; et dans ceux de la dernière forme sous laquelle nous avons été et sommes encore régis, il en existe plus qu'en toute autre. En effet, avant l'établissement de ce régime, *le pouvoir monarchique,* formé hors de la nation et sans le concours de la nation, avait usurpé le *pouvoir constituant et législateur,* et le *pouvoir législatif,* dont la mission spéciale, dans un gouvernement mieux institué et dans un système mieux combiné, aurait dû se borner au développement et à l'application des lois constitutives et au contrôle des actes législatifs du pouvoir appelé *exécutif,* exerçait, indépendamment de ces attributions, une autorité directrice sur les revenus publics, et la censure sur leur emploi, et faisait encore actes de *pouvoir constituant.* Aujourd'hui, la confusion, plus flagrante que jamais entre toutes ces attributions incompatibles, et principalement entre celles de *pouvoir constituant* et de *pouvoir constitué,* est compliquée d'un *suprême pouvoir électoral ou créateur,* qu'un corps représentant de quelques spécialités sociales s'est arrogé, en usurpant à la nation le droit de créer *un pouvoir monarchique* qu'il a proclamé et délégué lui-même, sans en avoir reçu même la mission de ses mandataires, et auquel il a conféré des prérogatives despotiques et suprématiques qui le font prédominer sur *la puissance populaire,* sur *la souveraineté nationale.* Ce corps eût-il un mandat, l'eût-il même reçu de la généralité des citoyens, il y aurait toujours inconvenance à ce qu'un pouvoir puisse être institué, et délégué par un autre dont la mission ne se bornerait point à cette élection, et qui, au contraire, serait institué pour pondérer son influence, pour contrôler directement ou indirectement ses actes, et pour influencer sa conduite.

Je ne me suis point dissimulé combien il y avait de témérité à traiter une pareille œuvre, et d'autant moins que je ne pouvais me dissimuler l'insuffisance de mes connaissances législatives ; mais redevable de mes conceptions aux inspirations d'un patriotisme pur et profond, plus qu'au peu d'imagination dont je puis être doué et qu'à la science que je n'ai pas, et ayant jugé ces conceptions bonnes et propres à satisfaire aux conditions déjà indiquées, après les avoir controversées et m'être aidé de quelques recherches ultérieures, j'ai cru que c'était un devoir pour moi de les communiquer à mes concitoyens.

Quelques lecteurs trouveront sans doute que je me suis trop attaché, dans ce préambule, à combattre les théories des Saint-Simonistes, mais j'ai cru qu'il était d'autant plus nécessaire de le faire que leurs principes, celui de l'abolition de l'héritage et de la propriété entre autres, confondus par le public avec ceux des républicains qui sont les miens, excitaient beaucoup de préventions, et créaient de nombreux obstacles au régime que nous souhaitons, et qui doit être le plus avantageux à la nation.

PROJET

D'INSTITUTIONS

CONSTITUTIVES

ET

GOUVERNEMENTALES.

D_ANS_ un état fondé sur la souveraineté du peuple, un pouvoir doit apparaître avant tous les autres, ou du moins doit, dès son apparition, dominer tous les autres, s'il ne les absorbe pas: c'est *le pouvoir constituant* ou *législateur*.

Ce pouvoir ne doit être produit que par délégation directe de la généralité des citoyens. Le droit de participation à l'élection de ce pouvoir, égal pour tous, doit être étendu indéfiniment, et doit être exercé, sans autre exclusion que pour les incapacités physiques ou résultantes de flétrissure civile et civique (1), par la totalité des citoyens qui auront atteint leur vingt-cin-

---

(1) Je distingue ces deux dernières incapacités : car, selon moi, il est bien des cas (celui de forfaiture ou vénalité dans l'exercice de ses droits civiques , par exemple) où un citoyen pourrait être privé de ce qui constitue ces droits , c'est-à-dire

quième année : car les décisions de *ce pouvoir consti-tuant* devant les obliger tous , il faut que tous concou-rent personnellement à son élection (1).

Le droit électoral étant acquis à tout citoyen, n'importe sa condition (2), qui aura atteint vingt-

---

tout ce qui a rapport à l'élection des magistrats locaux , et ce-pendant n'être pas privé de ses droits civils. Il est encore d'au-tres droits qu'on doit distinguer des précédens ; ce sont les droits politiques, c'est-à-dire la participation ou le droit de déléga-tion aux pouvoirs politiques, dont un citoyen pourrait être privé, sans l'être de ses droits civiques et civils. L'habitude de l'ivro-gnerie devrait être considérée comme entraînant incapacité phy-sique, et le pouvoir législateur devrait fixer un terme après lequel tout individu qui ne saurait pas lire et écrire couramment serait censé frappé de la même incapacité.

Toute action frauduleuse ou honteuse devrait entraîner la privation des droits civiques.

(1) Ce n'est pas seulement parce que des garanties et des avantages civils résultent de l'exercice des droits politiques que le citoyen doit en être jaloux , mais encore parce qu'il s'en trouve honoré et que l'exclusion a quelque chose d'humiliant pour lui ; c'est la manifestation d'un sentiment de dignité dont la satisfaction n'est pas moins précieuse aux citoyens que celle de leurs intérêts matériels et de leurs droits civils ; ce sentiment est inné dans l'homme et aucun n'est plus fécond en grand ré-sultats pour l'E'at : aussi conviendrait-il d'en hâter la manifes-tation dans ceux en qui il n'aurait pas surgi encore. Ceci ré-pond à ceux qui prétendent que les droits politiques ne sont qu'un moyen dont les droits civils sont la fin.

(2) Je ne saurais approuver l'exclusion des domestiques à gages de l'exercice des droits politiques et civiques, et elle ne peut être justifiée par leur dépendance du maître qu'ils ser-

cinq ans, la somme des électeurs en France peut être évaluée à huit millions environs.

Cette population serait disiribuée en assemblées primaires par cantons.

Les assemblées primaires seraient composées de cent citoyens au moins, et de six cents cinquante au plus, appelés à y voter.

Elles seraient groupées en réunions centrales d'arrondissement, résultantes d'une population de neuf à onze mille électeurs, pour élire un représentant.

---

vent : car on pourrait, aussi spécieusement et avec autant de raison, employer le même argument envers tout employé salarié. En effet, un commis, un clerc, un métayer, un ouvrier à la journée ou aux pièces même, ne sont pas moins dépendans de celui qui les emploie, ni moins susceptibles d'être influencés par lui, qu'un cuisinier, qu'un portier, ou qu'un valet. Voudrait-on arguer de la servilité de la profession? Cette servilité est purement mécanique et n'exclut pas l'indépendance morale ; un ouvrier, un commis, sont bien plus rigoureusement astreints à leur besogne qu'un domestique à la sienne, et sont bien moins indépendans que lui dans l'emploi du temps. Un bon domestique est toujours ménagé par ses maîtres, et souvent même est l'objet de leurs égards.

Que de vertus, que de qualités la résignation à une pareille profession, lorsqu'elle est exercée avec honnêté et fidélité ne dénonce-t-elle pas en celui qui s'y est voué ! Préparer pour son semblable et lui servir toutes les commodités, tous les raffinemens de l'existence, et s'abstenir, et résister aux désirs que la vue de la jouissance doit provoquer ; c'est le sublime de la vertu !

Elles nommeraient, à la majorité simple, un candidat à la députation, à raison de cent à cent cinquante citoyens, nombres entre lesquels serait l'unité électorale.

Elles désigneraient en même temps dans leur sein, à la pluralité des suffrages seulement, deux commissaires qui seraient chargés de porter le résultat de leurs scrutins au chef-lieu d'arrondissement, établi dans le lieu le plus central, et pour assister au recensement général ; ce qui, terme moyen, donnerait soixante commissaires environ par arrondissement.

Chaque réunion d'arrondissement, représentée par ces commissaires, devrait être formée, au plus tard, trois jours après le terme fixé pour la clôture des assemblées primaires, dont les opérations électorales ne devraient pas durer plus de trois jours, après vérification des titres faite. L'assemblée des commissaires, ayant fait le recensement des élections primaires partielles, proclamerait le nom du candidat qui aurait réuni le plus de suffrages en sus de la majorité absolue, lequel serait de droit député.

Si aucun candidat ne réunissait la majorité absolue, l'assemblée des commissaires désignerait les cinq qui auraient réuni le plus grand nombre de suffrages.

Les assemblées procéderaient immédiatement à un nouveau scrutin entre les candidats désignés.

Après le second recensement, si aucun candidat

n'avait la majorité absolue, les deux qui auraient réuni le plus de suffrages, pourvu qu'ils n'en eussent pas chacun, moins du quart plus un de la totalité, seraient proposés aux assemblés primaires qui devraient opter pour l'un ou pour l'autre (1).

Si un système d'élection à double degré était jugé devoir être, dans les circonstances actuelles, plus favorable à l'appréciation du mérite des repré· sentans, chaque unité électorale composant les assemblées primaires nommerait un député, ce qui produirait, terme moyen, cent députés environs par arrondissement.

Ces cent députés, réunis en assemblée, éliraient parmi eux ou au dehors, un représentant dont la nomination serait soumise à la confirmation des

____

(1) Le projet de constitution des assemblées primaires présenté par Condorcet à la convention nationale, le 15 février 1793, avait l'inconvénient de ne point donner des résultats qui seraient l'expression de la majorité , mais seulement d'une pluralité (sect. III, art. 7, 10, 21, 22); en outre, celui de confier à l'administration départementale le recensement des bulletins d'élection (sect. III, art. 6, 18); enfin, il avait l'inconvénient d'entraîner trop de lenteurs, le résultat définitif des élections ne pouvant être connu avant un mois et demi au moins.

L'acte constitutionnel, promulgué par la convention le 24 juin 1793, a aussi l'inconvénient de ne pas donner toujours un résultat qui serait l'expression de la majorité (art. 26 et 27), et qui, en outre, ne serait qu'une expression de mandataires et non de mandans (art. 37 et 38).

assemblées primaires dont il devrait réunir la majorité des suffrages.

Les citoyens seraient libres de se réunir en assemblées particulières quand bon leur semblerait, pour délibérer sur les intérêts publics ou locaux.

Voudrait-on objecter aujourd'hui les inconvéniens ou les dangers des assemblées populaires, après qu'on a vu le mémorable exemple de la sagesse et de la modération d'une population immense insurgée et en armes?... Allèguerait-on l'ignorance de ceux qu'on osa appeler encore le *bas peuple?*... De la droiture, du tact, du désintéressement, valent bien la science; et le peuple n'en manque pas chez nous. Oserait-on parler de sa pauvreté et vouloir faire croire à la facilité de l'exploiter?... Que le *haut peuple* dise s'il prétend le disputer à ceux dont il veut se distinguer, en vénalité ou en désintér ssement, en égoïsme ou en dévouement? Ah! cessez de calomnier et d'outrager le *bas peuple*, égoïstes aristocrates; en lui se trouve la partie la plus saine et la plus vertueuse de la nation; en lui seul est l'espoir de la patrie! Il est temps enfin de le faire entrer dans l'état, pour qu'il neutralise par sa force et par sa vertu votre faiblesse et votre corruption, et qu'il sauve la patrie et la liberté de la ruine où vous les entraînez! . . . .

Il faut que la nation, et non quelques hommes, élus qu'ils seraient par elle, fasse en quelque sorte elle-même ses institutions.

L'œuvre du *pouvoir législateur* serait soumise à la sanction des assemblées primaires qui auraient élu celui-ci; si elle recevait l'approbation des deux tiers au moins des assemblées, elle ferait loi, sinon, elle devrait être modifiée, soit dans l'ensemble, soit dans ceux des articles fondamentaux qui auraient été généralement improuvés, jusqu'à ce qu'ils fussent sanctionnés par une telle majorité (1).

Si l'arbitraire des majorités est une nécessité inévitable dans toute société, s'il faut ériger en principe leur souveraineté, pour ne point voir le libre arbitre individuel se manifester jusque dans ses moindres phénomènes, et se produire dans ses divisions les plus individuelles, il convient d'atténuer autant que possible, par l'importance de ces majorités, ce que leurs décisions ont d'arbitraire dans le fait, et d'augmenter cette importance en raison de celle de l'objet de leurs décisions.

Les votes devraient se donner à haute voix dans l'assemblée constituante.

S'il était nécessaire dans un état démocratique qu'un pouvoir dominât les autres, ce ne pourrait être que celui qui représenterait la généralité de la nation ; mais il serait trop dangereux qu'un corps permanent exerçât pour elle la souveraine puissance qui ne peut et ne doit se produire que par la nation elle-même, et ce serait exposer la liberté au plus grand des périls.

-----

(1) La loi ne doit jamais être que l'expression réelle des volontés de la nation, et si la nation délègue et choisit des représentans, ce ne doit pas être pour qu'ils expriment leurs sentimens particuliers, mais pour déclarer ses volontés. (ROUSSEAU, *Gouv. de Pol.* liv. iv, ch. 13.)

Le *pouvoir constituant*, *législateur*, après qu'il aurait achevé et promulgué son œuvre, proclamée loi par la sanction des assemblées primaires, serait dissous, pour n'apparaître, par de nouvelles élections, que trois ou quatre ans après sa dissolution, sauf quelques cas graves et particuliers qui seront indiqués.

Les subséquentes assemblées législatrices reviseraient et perfectionneraient, s'il y avait lieu, la constitution qui, dans l'un et l'autre cas, serait de nouveau soumise à l'approbation des assemblées primaires (1). Elles seraient chargées aussi de remanier les autres pouvoirs.

En dissolvant *le pouvoir constituant*, on prévient encore les tentatives inévitables des autres pouvoirs existants, pour faire modifier en leur faveur les institutions fondamentales, et les succès qu'ils pourraient obtenir par la corruption, toujours possible envers un corps permanent.

Pourtant, il ne convient point d'abandonner à d'autres pouvoirs permanens ou temporaires, dont les législateurs pourraient ne point faire partie, l'exécution et l'application de la constitution.

---

(1) Les soumissions aux assemblées primaires auraient pour but et pour résultat d'empêcher que des institutions restrictives ou limitatives de l'exercice de quelques droits, pour des citoyens de certaine condition, jugées nécessaires par les majorités dans le but de l'utilité publique, ne pussent acquérir trop d'extension dans leur application et dégénérer en abus.

Le pouvoir constituant, avant de se séparer, choisirait dans son sein une commission assez nombreuse, laquelle constituerait un des pouvoirs du gouvernement, et qui, animée de son esprit, serait une espèce de tribunat modérateur et conservateur, qui aurait toujours les yeux ouverts sur les autres pouvoirs, redresserait leurs erreurs et s'opposerait à leurs empiètemens. Un certain nombre de suppléans seraient adjoints à cette commission dont ils remplaceraient les membres démissionnaires ou décédés.

Cette commission constituerait *le pouvoir législatif*. Ses principales attributions seraient de diriger l'application et le développement des lois constitutives auxquelles elle devrait approprier les lois secondaires civiles, pénales, de police et d'administration publique, qu'elle ferait promulguer, et qui auraient force de loi, jusqu'à la première convocation *du pouvoir législateur*, lequel, s'il ne les approuvait pas, les ferait réviser et modifier par une nouvelle commission législative.

Le pouvoir légistatif serait chargé de légaliser, en les sanctionnant, les actes des autres pouvoirs gouvernementaux ; d'ajouter à leurs attributions celles dont la nécessité, imprévue dans la détermination qui en aurait été faite par le *pouvoir constituant*, serait reconnue par lui, et de sanctionner, après les avoir appréciées et approuvées, toutes les propositions pour des institutions secondaires ou des modifications qui ne porteraient point atteinte aux articles fondamentaux de la constitution et ne s'écarteraient point de leur esprit.

On peut compter que l'affection que l'on porte à son propre ouvrage rendrait la commission législative très-rigoureuse envers toutes les propositions qui s'écarteraient de la constitution , et que la jalousie du pouvoir ne la rendrait pas très-favorable à l'extension des autres.

Le pouvoir législatif pourra convoquer extraordinairement les assemblées primaires, soit qu'il le juge nécessaire *proprio motu*, soit que l'un des autres pouvoirs le réclame : mais dans ce dernier cas, il aurait le droit et la faculté de refuser la convocation jusqu'après trois sommations réitérées , qui ne pourraient être faites que de six en six mois. Cependant, lorsque l'appel à la nation serait réclamé pour abus d'autorité ou oppression du *pouvoir législatif*, la réitération après six mois devrait avoir effet immédiat, mais les membres du pouvoir appelant ne pourraient faire partie du nouveau *pouvoir législateur*.

La réitération de l'appel ne serait pas nécessaire, s'il était motivé sur une déclaration de guerre imprévue, un péril imminent ou une violation du territoire ; mais, dans des cas semblables, les appels seraient superflus : car le droit de décider si la guerre doit se faire, ou s'il faut la prévenir, devant appartenir au *pouvoir constituant*, celui-ci, sur une simple menace, devrait être immédiatement recomposé, et les assemblées primaires pourraient se constituer de leur propre mouvement.

Si le nouveau *pouvoir constituant* trouve fondés les appels pour abus d'autorité, oppression ou impéritie, il devra recomposer, en tout ou en partie, le personnel du *pouvoir législatif*, et pourra même déclarer indignes ceux qui le composaient, ce qui entraînera pour eux incapacité politique. S'il jugeait qu'il y a de leur part trahison envers l'état ou la constitution, tentative d'usurpation ou concussion, il les mettra en état d'accusation, et les fera poursuivre dans les formes qui seront indiquées plus loin.

On peut penser que la crainte de la puissance constituante rendrait les divers pouvoirs très-réservés sur les appels à la nation.

Il serait convenable, à moins de trahison générale, que le personnel du *pouvoir législatif* ne pût être entièrement renouvelé.

Il faudrait nécessairement que la moitié des membres qui feraient partie de ce pouvoir fût changée à chaque réapparition ordinaire et périodique du *pouvoir constituant*, et que les membres sortans ne pussent en faire de nouveau partie, avant un laps de temps égal à cette période.

Le pouvoir législatif tiendrait tous les trois mois, pendant trois semaines, des séances publiques dont l'objet serait de connaître des pétitions et des rapports d'intérêt public ou privé qui lui seraient adressés, et de statuer sur les uns et les autres.

Les traités avec les autres états devraient être sanctionnés par lui. Les chargés d'affaires et les ambassadeurs, si l'on croyait qu'il fût nécessaire de conserver ce funeste et superflu rouage diplomatique, ne pourraient être choisis par les autres pouvoirs, que parmi un certain nombre de candidats présentés par le *pouvoir législatif.*

Ce pouvoir jugerait les affaires contentieuses des particuliers avec l'état, et pourrait, sans inconvénient, être investi de presque toutes les autres attributions du conseil-d'état.

Les citoyens qui composeront ce pouvoir pourront être poursuivis pour des faits ou actes particuliers, mais seulement après qu'on en aura demandé et obtenu l'autorisation du pouvoir lui-même.

Aucun membre d'un pouvoir gouvernemental révocable, et aucun agent révocable de ce pouvoir, ne pourront faire partie du *pouvoir législatif,* dont les membres recevront un traitement.

Le pouvoir législatif aura le droit de censurer, d'accuser, de poursuivre, et de faire juger dans des formes qui sont indiquées plus loin, ou de traduire devant la nation les uns ou les autres des autres pouvoirs.

Je dois, avant que d'entrer dans plus de détails, faire connaître ces autres pouvoirs.

Pour que l'administration publique soit efficace, et

pour qu'elle remplisse son but avec accord et harmonie, il faut que sa direction soit une ; c'est-à-dire qu'elle soit confiée à une seule personne.

Je n'examinerai point s'il importe que l'investiture d'une telle autorité soit temporaire ou à vie, héréditaire ou non (1), et jusqu'où il convient que celui qui la recevra soit ou non responsable ; je ne discuterai point la convenance de sa dénomination. Un semblable pouvoir, quelles qu'en soient la détermination et la dénomination, ne doit sortir que d'une élection nationale; et le mode le plus convenable pour cette élection devrait être le même que pour celle *du pouvoir consti- tuant.*

Si le citoyen auquel le pouvoir unitaire serait confié, ne devait pas être responsable, les différens ministres qui seraient sous ses ordres, et dont le choix et la nomination lui appartiendraient, le seraient pour lui, et pourraient être mis en accu-

---

(1) L'*hérédité* du pouvoir, dit Rousseau (*Gouv. de Pologne*, liv. iv, chap. 14), prévient les troubles, mais *elle mène la servitude; l'élection maintien la liberté*, mais à chaque règne elle ébranle l'État. On éviterait probablement ce dernier inconvénient, en ne faisant plus une question de personnes, mais de choses de cette élection, en la renouvelant tous les trois ou tous les cinq ans, par le moyen d'élections générales graduées, confirmées pas les assemblées primaires, et en interdisant la réélection pendant un espace de temps double ou triple. Un moyen non moins efficace contre les envahissemens du pouvoir unitaire, et contre l'asservissement, serait d'attacher peu d'avantages à l'exercice de ce pouvoir, et de lier rigoureusement par les lois celui qui en serait investi.

sation par chacun des autres pouvoirs, selon les cas.

Le citoyen investi du *pouvoir unitaire* ne pourra faire partie d'aucun autre pouvoir. Il ne pourra, sans une autorisation préalable *du pouvoir législatif*, dépasser les limites des localités qui lui seront assignées pour résidence.

L'investiture de ce suprême pouvoir accumulant dans les mains de celui à qui il serait confié plus de puissance et de moyens d'influence que dans celles de tout autre citoyen participant aux autres pouvoirs, et lui conférant aussi des prérogatives lucratives et honorifiques, il est juste, il est nécessaire qu'il lui soit imposé des obligations plus grandes et des devoirs plus rigoureux qu'au reste des citoyens, et que, sous certains rapports, il jouisse de moins de liberté qu'eux. Si le *pouvoir unitaire* devait être héréditaire, constituant alors un élément social, une existence nationale, tout ce qui appartiendrait à celui qui l'exercerait, et tous ceux qui devraient hériter de ses droits et de ses prérogatives, ou en participer, devraient être à la disposition absolue de la nation ; c'est-à-dire qu'en dehors des droits et des prérogatives qui constituent ce pouvoir, la nation doit avoir action complète sur eux : car ceux qui sont identifiés avec lui, étant hors du droit commun, rentrent dans le système où tout citoyen se doit complètement à l'état ; ils ne s'appartiennent plus.

Le pouvoir unitaire, que je m'abstiens de qualifier plus spécialement, secondé par le *pouvoir administratif*, dirigerait les différentes branches du service public. Il présiderait et veillerait à l'exécution et à l'observation des lois , et serait chargé de leur promulgation , qui serait décrétée en son nom et d'abord à celui du *pouvoir législatif.*

Il serait chargé aussi de faire dresser les comptes annuels des dépenses publiques ; de la direction et de la surveillance de l'administration des établissemens et des travaux publics ; des relations avec les puissances étrangères , dont il devrait communication officielle *au pouvoir législatif*, et de veiller à la sûreté de l'état. La nomination des officiers judiciaires et de police lui appartiendrait sans restriction, et celle des officiers militaires et des administrateurs aussi , mais conformément aux droits et aux règles établis par les lois. Tous les employés ou administrateurs publics, révocables ou non, les autorités municipales et les membres des tribunaux exceptés, lui seraient subordonnés directement ; et il aurait droit de censure, de suspension et de poursuite contre eux ; il pourrait même exercer le dernier de ces droits contre les membres des tribunaux ; en outre, il serait chargé , mais avec les réserves convenables , de conférer les récompenses nationales, car il convient qu'il puisse honorer le mérite et encourager le talent.

Enfin, l'initiative des déclarations de guerre lui appartiendrait, mais subordonnée à l'approbation du *pouvoir constituant*, à la responsabilité des ministres devant le *pouvoir législatif* et au refus de subsides du *pouvoir vérificateur* qui compléterait le système de gouvernement que je propose, néanmoins il ne pourra jamais prendre le commandement actif de l'armée, quoique la direction générale de celle-ci lui soit confiée et que la nomination aux commandemens supérieurs lui appartienne.

Les membres du *pouvoir administratif* devront tous les ans rendre compte, en assemblées publiques, de leur gestion politique et administrative au *pouvoir législatif*, et de leur gestion financière au *pouvoir vérificateur*.

Ce quatrième pouvoir gouvernemental serait encore un produit d'élections, mais qui seraient établies sur une autre base que celles des autres pouvoirs.

D'après le principe que les lois ne doivent être votées que par ceux qu'elles obligent, il serait rationnel, et, sous bien d'autres rapports qu'il n'est pas nécessaire d'indiquer, convenable que le droit d'élire des mandataires dont la mission et le pouvoir devraient se borner presque exclusivement à surveiller l'emploi des deniers publics, et à présider à leur distribution qu'ils n'auraient pas déterminée, fût basé sur une quotité de contributions d'une certaine importance; car l'intérêt que l'on doit porter à l'exacte et économique distribution de ces revenus doit être en raison proportionnelle de la part pour laquelle on y contribue.

La condition pour le droit électoral du *pouvoir vérificateur* pourrait être fixée, sans inconvénient, à une contribution foncière ou de patente de 200 francs; mais cette condition exigée des électeurs, étant une garantie de leur choix, dispenserait d'en imposer aux élus.

Avoir fait partie du *pouvoir constituant*, ou être membre du *pouvoir législatif*, ne serait point un motif pour être exclus du *pouvoir vérificateur*.

Aucun membre du *pouvoir administratif* ni aucun subordonné de celui-ci dont l'emploi ne serait point inamovible, ne pourront faire partie du *pouvoir vérificateur*, à moins qu'ils ne se démettent de leurs fonctions (1).

Les bases de l'assiette et les principes de répartition des impôts, déterminés par le *pouvoir constituant*, ne pourraient être éludés, modifiés ou altérés sans le consentement de celui-ci, de même que les tarifs des impôts indirects, s'il devait encore en être maintenu.

Les élus au *pouvoir vérificateur* pourraient être considérés, sans inconvénient, autant comme représentans des intérêts locaux de leurs départemens ou arrondissemens respectifs, que comme mandataires de la nation, et pourraient réclamer

______

(1) Si l'intérêt de l'État nécessite que le service militaire soit imposé aux citoyens, pourquoi ne réclamerait-on pas leur concours, pour exécuter, aux mêmes conditions, le travail des autres services publics qui sont moins pénibles et moins dangereux? Il y aurait économie pour l'État, et plus de justice distributive pour les citoyens, car ceux que le sort ne désignerait pas pour faire le service militaire, seraient, par le même moyen, désignés pour satisfaire à l'exécution des autres services publics, à des conditions aussi économiques pour l'État.

pour leurs localités les mesures et les fondations qui leur seraient avantageuses.

Ce pouvoir surveillerait l'emploi des revenus publics ; il serait chargé de régler la répartition de l'impôt et de fixer la quotité des impôts directs , conformément aux lois. Il discuterait la nécessité des subsides et des travaux publics, et surveillerait l'administration pécuniaire des établissemens et des domaines publics. Toute demande extraordinaire et imprévue de subsides , toute augmentation dans les contributions, devraient être approuvées par lui, et pourraient être refusées, sauf celles qui seraient réclamées pour les besoins d'une guerre, et dont l'importance et le mode de répartition seraient déterminés par prévision , par le *pouvoir constituant;* il pourrait néanmoins en discuter la nécessité , et même les refuser, si la demande n'en était point appuyée par le *pouvoir législatif.*

Les autres demandes d'allocations supplémentaires ou d'augmentation d'impôt qui seraient rejetées par le *pouvoir vérificateur* seraient dès lors soumises par le *pouvoir administratif* au *pouvoir législatif;* si celui-ci les sanctionnait, elles seraient proposées, à la cession suivante, au *pouvoir vérificateur*, qui devrait les accorder, sauf discussion et les modifications qui seraient consenties par le *pouvoir administratif.* Au reste , cette assemblée pourrait toujours avoir recours aux appels à la nation contre l'oppression et les abus d'autorité des autres pouvoirs.

Elle aurait le droit d'accuser et de poursuivre, pour malversations, dilapidations, profusions illégales ou forfaiture, les membres du *pouvoir administratif*. Ses propres membres ne pourraient être recherchés pour leurs votes, mais l'assemblée pourrait être censurée par le *pouvoir législatif*, explicitement, ou implicitement par le refus de sanctionner ses décisions, et même par la prorogation de ses séances, et sa dissolution; mais, dans ce cas extrême et grave, la réunion des assemblées primaires aurait lieu inévitablement et immédiatement lors même qu'elle ne serait point réclamée par le pouvoir dissous.

Les membres du *pouvoir vérificateur* pourraient être poursuivis pour des actes particuliers et qui seraient en dehors de leurs attributions, sans qu'il fût nécessaire d'en obtenir l'autorisation du pouvoir lui-même.

La durée des cessions de ce pouvoir ne pourrait dépasser un certain terme fixé par la loi constitutive, à moins d'une autorisation du *pouvoir législatif*; pendant les intervalles, une commission, nommée dans son sein, suivrait les travaux et remplirait les attributions de la cour des comptes. Les membres de cette commission recevraient une indemnité.

Pour mettre les membres d'un pouvoir en accusation, au sujet de l'exercice de leurs fonctions, et pour les faire arrêter, il suffirait d'un simple mandat des autres pouvoirs qui auraient sur lui droit de poursuite, lequel mandat aurait force de loi pour tous le agens de l'autorité et de la force publique. Les accusés seraient traduits devant les tribunaux ordinaires pour y être jugés par un grand jury qui serait désigné par le sort parmi les citoyens composant la liste des jurés de la localité, et qui devrait être une fois plus nombreux que les juris ordinaires.

Les fonctions du ministère public seraient exercées par des membres du pouvoir accusateur.

Pour prévenir toute combinaison abusive et persécutrice, l'ouverture des débats ne pourrait être retardée au delà de dix jours après l'arrestation des accusés, à moins qu'eux-mêmes ne demandassent un délai.

Le jugement serait sans appel.

Si le *pouvoir unitaire* n'était que temporaire, celui qui en serait revêtu devrait, à l'expiration de son mandat, de même que les membres du *pouvoir administratif*, être déféré au jugement solennel de la nouvelle *assemblée constituante* qui devrait prononcer s'ils sont toujours dignes de la confiance de la nation, ou non. Dans le premier cas, les membres du *pouvoir administratif* pourraient continuer l'exercice de leurs fonctions, si le nouveau *pouvoir unitaire* le jugeait convenable, et le citoyen cessionnaire du *pouvoir unitaire* pourrait, après les délais fixés par la loi, exercer de nouveau ce même pouvoir.

Si les uns ou les autres étaient jugés indignes,

cette sentence entraînerait pour eux incapacité politique.

Le premier établissement du pouvoir judiciaire, ou, pour mieux dire, des cours de justice, serait fait par le choix du *pouvoir exécutif*, parmi un nombre double de candidats présentés, pour chaque espèce de fonctions, par le *pouvoir administratif.*

Pour alimenter par la suite cette branche de service public, tout individu qui voudrait s'y consacrer serait, dès qu'il aurait obtenu le grade de docteur dans une faculté de droit, inscrit sur une liste où son nom serait accompagné d'un numéro d'ordre, lequel constituerait son titre d'admission.

Tout citoyen inscrit sur ce registre aurait ce droit d'assister, en qualité de conseiller auditeur et consultatif, aux audiences des tribunaux.

Il est encore une infinité de développemens et de détails complémentaires que j'aurais pu ajouter ; mais ce que je viens d'exposer doit suffire pour faire apprécier mon système : j'ai cru qu'il était de mon devoir de soumettre cette œuvre à l'examen et au jugement de mes concitoyens, c'en sera un pour eux de la perfectionner et de la compléter, s'il en est parmi eux qui la jugent digne de ce soin.

FIN.